CHARLES LE TÉMÉRAIRE

COMÉDIE-VAUDEVILLE EN UN ACTE,

Auguste

De MM. LEFRANC et CHOLER frères,

Représentée pour la première fois, à Paris, sur le théâtre du GYMNASE,
le 19 Octobre 1850.

PERSONNAGES.		ACTEURS.
SIR CHARLES BASHFULD, Anglais......................		MM. Numa.
HECTOR...		A. Landrol.
TROUSSARD...		Landrol père.
JACQUES, domestique de Charles......................		M. Dupeyron.
MADAME TROUSSARD.....................................		Mlles Mélanie.
NELLY, leur fille......................................		Marthe.
CLARISSE domestique de Troussard.....................		Joséphine.

La scène se passe dans la maison de campagne de Troussard, aux environs de Tours.

S'adresser, pour la musique, à M. Jubin, bibliothécaire et copiste, au Théâtre.

... Le théâtre représente une bibliothèque ; au fond, une porte vitrée donnant sur un perron ; à droite et à gauche de cette porte deux fenêtres ; à droite, sur le devant, une table ; à côté de cette table, un fauteuil sur lequel un gros chat est endormi. Les murs, à gauche, sont occupés par des rayons chargés de livres ; du même côté un guéridon avec écritoire ; à droite, cabinet ouvrant sur la scène.

SCÈNE PREMIÈRE.

NELLY, MADAME TROUSSARD.

(*Nelly est assise, travaillant à une broderie ; madame Troussard entre de la gauche, elle a un tablier devant elle, les manches retroussées, et elle tient une écumoire à la main.*)

MADAME TROUSSARD. Voilà une chose peu récréative !.. faire de la confiture de groseilles... avec dix-sept degrés de chaleur... (*Tendant l'écumoire à Nelly.*) Tiens, goûte l'écume... c'est un vrai sucre...

NELLY. Non... merci, maman...

MADAME TROUSSARD, *s'avançant sur le fauteuil où se trouve le chat endormi.*) Alors, je vais faire goûter à Moumoute... Oh ! elle dort... pauvre bête... faut pas la réveiller... (*Elle avale l'écume.*) C'est un vrai sucre... si M. Hector était là... il ne ferait pas la petite bouche, lui.

NELLY. M. Hector...

MADAME TROUSSARD. En voilà un qui n'est pas honteux... et qui mettrait joliment ses doigts dans ma bassine... sous prétexte de voir si c'est assez réduit... C'est un si bon garçon !

NELLY. Je n'aurais jamais cru que M. Hector s'occupât de pareils détails.

MADAME TROUSSARD. Ça n'empêche pas les sentiments... tu verras quand tu seras sa femme.

NELLY. Sa femme !

MADAME TROUSSARD. Dame ! tu as presque consenti.

NELLY. C'est vrai... mais cela tient à des considérations...

MADAME TROUSSARD. Comment ?

NELLY. Oui... c'est un grand secret... mais je ne puis vous cacher plus longtemps...

MADAME TROUSSARD, *quittant son écumoire.* Quoi donc ?

NELLY. A cette époque je n'étais encore qu'une enfant... élevée à Londres, chez un correspondant de mon père... Un jour, en jouant dans un jardin qui n'était séparé de la rue que par une grille,

1850

je m'aventurai imprudemment près d'un grand bassin,... très-profond... mon pied glissa, et je tombai...

MADAME TROUSSARD. Ciel !..

NELLY. J'y serais restée sans doute... car personne de la maison n'était là pour me secourir... mais une main inconnue vint me saisir et me ramena à bord sans connaissance... Quand je rouvris les yeux... j'aperçus seulement comme dans un brouillard... un jeune homme qui sautait par-dessus la grille, et qui disparut sans avoir même reçu de moi un mot de remerciement.

MADAME TROUSSARD. Brave jeune homme, et depuis ?..

NELLY. Attendez... pendant deux ans... je n'entendis plus parler de ce sauveur mystérieux... mais j'y pensais souvent.

MADAME TROUSSARD. Chère enfant, je crois bien.

NELLY. Lorsqu'un jour, je reçus une lettre bien humble, bien respectueuse, dans laquelle mon inconnu... car il continuait à garder l'incognito... me parlait du bonheur qu'il avait à me voir grandir, embellir... le fait est que j'étais devenue une assez jolie petite personne... il me suppliait de lui permettre de m'écrire ainsi de temps en temps, pour me donner des conseils, me parler de ses projets, de ses espérances... tout ceci me paraissant fort innocent, je continuai à recevoir ses lettres, jusqu'au jour de mon retour en France...

MADAME TROUSSARD. Et depuis, aucune nouvelle ?..

NELLY. Au contraire... je l'ai revu.

MADAME TROUSSARD. Ah !

NELLY. Pas précisément comme je l'avais rêvé, mais enfin... comme tu dis... c'est un si bon garçon !..

MADAME TROUSSARD. Comment... il se pourrait... M. Hector,..

NELLY. C'est lui... il me l'a avoué... c'est lui qui, lors d'un voyage qu'il fit en Angleterre,..

MADAME TROUSSARD. Voyez-vous ça... l'hypocrite !.. qui ne m'en a jamais rien dit... c'est égal !.. ça fait son éloge... parce que isolée, sans famille, comme tu étais là-bas... il aurait bien pu abuser... mais non... ce noble cœur a préféré attendre... pour pouvoir un jour dire poliment et officiellement à madame Troussard...

SCÈNE II.

LES MÊMES, HECTOR, *qui est entré aux derniers mots avec un fusil et une carnassière.*

HECTOR, *prenant madame Troussard par la taille.* Reste-t-il encore un peu de nanan pour le petit Hector ?

MADAME TROUSSARD. Toujours, pour vous, gour-

mand, goûtez-moi ça, et dites-moi votre avis...

HECTOR, *après une méditation sérieuse.*

Air de l'Apothicaire.

Elle est très-bonne, et cependant
Je ne la crois pas assez cuite,
Le sucre y manque... et sous ma dent
Je sens un pépin parasite.
Songez-y, dans les entremets,
Les pépins font triste figure ;
Dans l'histoire je les admets,
Mais non pas dans la confiture.

MADAME TROUSSARD. Eh bien !.. vous me corrigerez ça... (*Lui tapant sur la joue.*) sournois !..

HECTOR, *étonné.* Sournois ! (*Haut.*) Volontiers... confiez-moi seulement votre tablier... et je vais... (*Apercevant Nelly.*) Ah ! mademoiselle Nelly... pardon, mille pardons de ce retard à vous présenter mes hommages. (*Il agite gracieusement son écumoire.*)

NELLY. Il est si bien justifié par des préoccupations importantes.

MADAME TROUSSARD. Elle vous en veut... parce que dans vos lettres... vous ne vous vantiez pas de votre talent culinaire...

NELLY. Maman...

HECTOR. Dans mes lettres...

MADAME TROUSSARD. Hé ! oui... dans ces lettres brûlantes... ne faites donc pas le malin, je sais tout.

HECTOR. Ah ! vous savez...

NELLY. Oui, Monsieur. J'ai dit à ma mère que vous m'aviez enfin avoué...

HECTOR, *naïvement.* Dame... il l'a bien fallu... vous ne m'auriez pas aimé sans cela...

MADAME TROUSSARD. Ainsi, c'est une affaire arrangée..... dès aujourd'hui, j'en causerai avec M. Troussard.

HECTOR. A propos... est-ce qu'il est sorti, M. Troussard ?..

MADAME TROUSSARD. Mais oui... aussitôt après le déjeuner, il a décampé sur son poney.

HECTOR, *allant suspendre sa carnassière à un clou à gauche.* Alors c'est lui que j'ai aperçu... tout à l'heure... dans les champs... j'aurais préféré apercevoir un lièvre, mais enfin... il trottinait sur le chemin qui borde la propriété de sir Charles Bashfuld...

MADAME TROUSSARD. Il aura été lui rendre une visite...

HECTOR. Pourquoi faire ?

MADAME TROUSSARD. Pour causer avec un Anglais... vous savez bien que c'est son tic... En quittant la droguerie, il n'a pas voulu acheter une propriété ailleurs qu'en Touraine... parce qu'en Touraine, les Anglais, c'est comme les pruneaux... ça foisonne.

HECTOR. Eh bien, je crois qu'il perdra son temps... Sir Charles ne reçoit pas de visites...

NELLY. Pourtant ses amis...

HECTOR. Il n'en a pas.

MADAME TROUSSARD. Ses connaissances...

HECTOR. Il en manque.

MADAME TROUSSARD. A qui parle-t-il alors?

HECTOR. Il ne parle pas...

MADAME TROUSSARD. Ça ne m'étonne pas... ces Anglais, ça méprise tout le monde...

NELLY. Pourtant, vous, monsieur Hector, vous avez fait sa connaissance... est-ce en Angleterre?

HECTOR, *embarrassé.* Oui... non... non... c'est à Paris... grâce à une aventure...

MADAME TROUSSARD. Une aventure.

HECTOR. Mon Dieu! oui... au bal de l'Opéra...

MADAME TROUSSARD. Au bal?

HECTOR. C'est bien simple... je m'étais pris de querelle avec un croquant qui m'envoie un soufflet... moi qui suis vif... je l'esquive... et c'est un monsieur à côté de moi qui le reçoit en plein... ce monsieur c'était sir Charles.

MADAME TROUSSARD. Ah! mon Dieu!

HECTOR. Naturellement, je m'interpose pour arranger son affaire.

NELLY. La vôtre, vous voulez dire.

HECTOR. Oui, la mienne, qui était devenue la sienne... on se battit le lendemain... sir Charles fut magnifique... après avoir essuyé le feu de son adversaire, il prit dans sa poche une pièce d'or, la jeta en l'air, l'ajusta, l'atteignit, salua, et se sauva sans ajouter un mot... Voilà comment nous fîmes connaissance.

NELLY. Et depuis?

HECTOR. Depuis... je ne l'ai pas revu... mais je suis sûr que nous sommes très-liés... et si jamais je le rencontre... je le tutoie... parce que quand on a été au feu ensemble, on se tutoie...

<hr>

SCÈNE III.

LES MÊMES, TROUSSARD, *qui entre.*

TROUSSARD, *joyeusement.* Mes amis, félicitez-moi...

HECTOR. Qu'y a-t-il?

TROUSSARD. J'ai apprivoisé le monstre.

HECTOR. Sir Charles.

TROUSSARD. Il viendra... il me l'a promis...

MADAME TROUSSARD. Lui qui ne parle jamais...

TROUSSARD. Justement, il m'a parlé... lui... un vrai Anglais...

HECTOR. Mais comment vous y êtes-vous pris?

TROUSSARD. Ah! voilà... on n'a pas été vingt ans dans la drogue sans être rusé... voyant que je lui prodiguais en pure perte, quand je le rencontrais, le : bonjour, Monsieur, et les : voilà un joli temps... j'ai eu recours à un moyen ingénieux...

MADAME TROUSSARD. Ingénieux?

TROUSSARD. Ingénieux! tu vas voir... j'ai fait donner ce matin double ration d'avoine à Old-british, mon poney... je l'ai appelé comme ça... parce que ça veut dire : vieil Anglais.

HECTOR. Ah! il est Anglais.

TROUSSARD. Presque... il est Limousin ; mais, par exemple, il est tout à fait vieux. Monté sur le poney, je me dirigeai vers la promenade habituelle de notre gentleman... et là je me suis mis à battre Old-british... mais à le battre avec un succès tel que le pauvre animal se décida à gambader, et à me jeter par terre.

MADAME TROUSSARD. Tu pouvais te tuer, malheureux !

TROUSSARD. Mais oui, c'est là le bon... tu vas voir...

NELLY. Vous n'êtes pas blessé au moins?

TROUSSARD. Non... il n'y a de blessé que... ma veste... (*Il montre son habit déchiré.*) Pourtant, moi, pas bête, je restais couché sur l'herbe, les mains étendues et les yeux fermés... mon stratagème réussit, j'entendis sir Charles accourir en marmotant : « C'est bien fait, imbécile, qui bat son cheval... » J'étais enchanté, il me parlait... j'avais risqué de me rompre les os, mais il me parlait.

MADAME TROUSSARD, *avec ironie.* C'est joli... et ça coûte une veste.

TROUSSARD. Je ne la regrette pas... Sir Charles, me fit transporter chez lui... c'est très-beau chez lui... il me fit servir du thé... c'est ça qui est anglais... et frictionner sur tout le corps, avec des brosses très-dures... c'est encore ça qui est anglais... ça écorche, mais c'est anglais... Enfin, il allait me quitter... quand je lui ai fait entendre qu'il avait reçu ma visite, et qu'il me devait la sienne... il balbutia... j'insistai....et.....

HECTOR. Et...

TROUSSARD. Et... il viendra.

MADAME TROUSSARD. Il viendra?... quand?..

TROUSSARD. Mais aujourd'hui... tout de suite... je l'attends...

MADAME TROUSSARD. Aujourd'hui..... jour de confitures !

TROUSSARD. Tant mieux, nous lui en ferons goûter.

MADAME TROUSSARD. Comment, il dînera?..

TROUSSARD. Oui, mon intention est de le retenir... mais faut pas avoir l'air...

Air : *J'ai vu le Parnasse des dames.*

A mon couvert si je l'invite,
Sur lui j'ai des projets cachés,
Les cœurs se rapprochent bien vite
Quand les verres sont rapprochés.
Crois-moi, l'Anglais le plus farouche
A table est bientôt dominé,

Car dès qu'on l'a pris par la bouche
On doit le mener par le né.

MADAME TROUSSARD. Il ne manquait plus que ça... un dîner, maintenant... et avec un étranger qui baragouine, je parie.

TROUSSARD. Mais non... il parle français de manière à faire croire que de nous deux, c'est moi qui suis l'Anglais... c'est même humiliant. Pour ce qui est du dîner, je vais prévenir la cuisinière... non... je vais dire au jardinier de mettre des fleurs... (*Regardant sa bibliothèque.*) Ah! mon Dieu!... et cette planche qui va tomber..... ma bibliothèque anglaise... toute en sapin. (*Il rajuste la planche.*)

HECTOR. Les livres aussi ?

TROUSSARD. Certainement... (*Il frappe sur les livres qui sonnent le creux.*) avec une reliure appliquée, ça fait la charge... et comme je ne sais pas l'anglais, ça me suffit.

MADAME TROUSSARD, *rapportant des clefs.* Vous, monsieur Hector, allez à la cave... ce sera toujours ça de fait... voici les clés...

HECTOR. Très-bien !

MADAME TROUSSARD. Moi, je vais passer ma robe neuve.

Air de la *Vivandière.*

TROUSSARD.

Occupons-nous du couvert
  Avec l'Angleterre
Je veux
Il veut trinquer au dessert,
  Et le verre en main
Je veux
Il veut qu'à la bière
  L'Anglais préfère le vin.

SCÈNE IV.

SIR CHARLES BASHFULD, JACQUES.

(*La scène reste vide un instant. On aperçoit Jacques derrière la porte vitrée du fond, puis sir Charles qui le suit. Celui-ci, pendant que Jacques regarde à travers la porte, époussète des souliers vernis et met des gants blancs ; il a les cheveux jaune-pâle, une grande raideur, les yeux baissés. Tenue de bal portée gauchement.*)

JACQUES, *entrant.* Il n'y a personne.

CHARLES, *avec hésitation, il tient à la main une canne.* Vous êtes bien sûr...

JACQUES. Monsieur peut voir...

CHARLES. C'est vrai... Alors, nous pouvons entrer.

JACQUES. Je vais appeler.

CHARLES. Gardez-vous-en bien... on finirait par venir.

JACQUES. Eh bien ?..... (*Se rapprochant de Charles.*) Est-ce que Monsieur partagerait mes inquiétudes ?

CHARLES. Quelles inquiétudes ?

JACQUES. Dame ! se hasarder comme ça... à trois lieues de Tours...... dans une maison isolée.

CHARLES. Où est le mal ?

JACQUES. Accepter une invitation d'un homme qu'on ne connaît pas.

CHARLES. Dame ! pour refuser... il aurait fallu parler, tandis que pour accepter... il n'y avait qu'à se taire.

JACQUES. C'est juste, mais...

CHARLES. Et puis ce vieux y a mis tant d'insistance.

JACQUES. Justement... voilà ce qui me semble louche... Aussi, grâce à moi, vous êtes armé.

CHARLES. Comment ?

JACQUES. Cette canne... Vous n'avez donc pas vu... au lieu de votre cravache... je vous ai donné votre canne à épée...

CHARLES. Quelle folie !

JACQUES. Qu'est-ce que ça vous fait... c'est pour ma tranquillité, ainsi...

CHARLES. Poltron !

JACQUES. Ah! mon Dieu!... et moi qui ai laissé les chevaux à la grille... si pendant que je ne suis pas là...

CHARLES. Eh bien! allez les rejoindre... et attendez-moi... une visite dure une heure... (*Tirant sa montre.*) Voilà déjà un quart d'heure de gagné... nous partirons dans trois quarts d'heure.

JACQUES. Ça suffit. (*Il sort.*)

SCÈNE V.

SIR CHARLES, *seul. Il se promène avec une grande agitation en mettant des gants.* Attendons... (*Il s'asseoit.*) Mais j'y pense... s'il vient quelqu'un... un inconnu, à qui il faudra expliquer ce que je fais là. (*S'essuyant le front.*) Ce sera très-difficile... car moi... je n'ose pas... je n'avais jamais osé... Quand j'étais petit... tout petit... à l'Université... mes camarades m'avaient appelé Charles le Téméraire... par dérision... pour moquer moi... Oh! je suis fâché d'avoir renvoyé Jacques... parce qu'un domestique, c'est une contenance... Si je pouvais trouver seulement le vénérable Troussard... je n'aurais pas besoin de lui dire qui je suis, à lui... Allons... allons... du courage, que diable !..... je m'en vais frapper à cette porte... (*Il s'approche de la première porte à gauche, va pour frapper, hésite, recule, arrange sa cravate, brosse la manche de son habit ; il se décide et frappe un coup très-léger.*) Ah! on ne répond pas... (*Frappant de nouveau avec plus d'assurance.*) Il n'y a personne, je crois..... (*Il frappe très-fort.*) Voyons donc... (*Il ouvre la porte.*) Un cabinet noir... c'est à recommencer....

(*Il soupire.*) Recommençons... (*Il va à la porte du second plan en faisant le même manége, mais quand il a frappé, on entend la voix de Troussard.*)

TROUSSARD, *en dehors.* Entrez!

CHARLES, *reculant.* Ah! on a dit entrez!

TROUSSARD, *avec force, du dehors.* Entrez donc!..

CHARLES. C'est la voix du vieux... (*Il tousse.*) Hum! hum!.. (*Il ouvre la porte. Madame Troussard, du dehors, d'une voix effrayée, crie.*)

MADAME TROUSSARD. N'entrez pas!..

CHARLES, *reculant.* Oh!..... on a dit n'entrez pas.....

Air: *Ma belle est la belle des belles.*

Entrez... n'entrez pas... lequel croire?
Dois-je avancer ou reculer...
A ce débat contradictoire
Je ne puis vraiment me mêler.
La question reste incertaine,
La trancher serait un abus...
　　　(*Prenant son chapeau.*)
Je reviendrai dans la quinzaine
Savoir s'ils se sont entendus.

Parlé. Oui, c'est cela. (*Au moment où il va sortir, Hector entre à reculons avec un panier de bouteilles qu'il dépose sur les pieds de Charles.*)

HECTOR, *sans le reconnaître.* Hein!..

CHARLES, *tout en exprimant la douleur causée par le poids du panier.* Oh! pardon... je vous demande mille excuses..

SCÈNE VI.

SIR CHARLES, HECTOR.

HECTOR. Tiens, sir Charles.

CHARLES, *saluant avec embarras.* Monsieur.....

HECTOR. Comment, Monsieur... c'est comme ça que tu me reçois...

CHARLES, *à part.* Hein! il me tutoie.

HECTOR. Moi, un ancien ami... un vieux camarade...

CHARLES, *à part.* Un camarade... (*A part.*) Au fait, ça serait malhonnête... il vaut mieux avoir l'air...

HECTOR. Tu ne me reconnais donc pas?

CHARLES. Si, si, à présent... très-bien... parfaitement... ce cher... ce cher.. (*A part.*) Où diable ai-je vu ce garçon marchand de vin?

HECTOR. Que je suis donc content de te rencontrer... Comment vas-tu?

CHARLES. Pas mal... pas mal... et toi?.. (*A part.*) Je le tutoie aussi.

HECTOR. Comme tu vois... ça se soutient... Tu t'es donc enfin décidé à venir voir ce bon père Troussard.

CHARLES. Oui, oui, je suis venu... et...

HECTOR, *le retenant.* Et comment as-tu trouvé notre hôte, hein?

CHARLES. Pas mal, pas mal... je ne l'ai pas vu...

HECTOR. Et sa femme?

CHARLES. Très-bien, très-bien... Je avais pas vue non plus... Il paraît qu'elle est sortie.

HECTOR. Mais non... ils sont tous à leur toilette...

CHARLES. Oh! à leur toilette... je m'en vais.

HECTOR. Sans les avoir salués... allons donc!

CHARLES. Ce n'est pas ma faute, une visite doit durer une heure... Je suis arrivé à midi... (*Il tire sa montre.*) ainsi... je peux m'en aller.

HECTOR. Eux qui se font une fête de te recevoir... car tu ne sais pas... l'annonce de ton arrivée a mis la maison sens dessus dessous.

CHARLES. Oh! madame Troussard sens dessus dessous!.. Que je suis donc fâché!

HECTOR. Et si je ne m'en étais pas mêlé... Tiens, je viens de la cave... chercher cela derrière les fagots... Goûte-moi ça!.. (*Il débouche une bouteille.*)

CHARLES. Non... merci... (*A part.*) C'est un échantillon... il veut me faire goûter. (*Haut.*) Non, entre mes repas, jamais.

HECTOR. Ne vas-tu pas faire des façons avec moi?

CHARLES. Mais...

HECTOR. Un vieux camarade.

CHARLES, *à part.* Encore... Il paraît que décidément... (*Haut.*) Allons, puisque tu le veux absolument... (*A part.*) Ça me gêne beaucoup de tutoyer cette garçon marchand de vin... mais puis qu'il est mon ami... (*Il dépose sa canne sur le canapé et prend un verre.*) mon ami intime...

HECTOR, *lui versant.* A la bonne heure, donc... je te retrouve, je te reconnais.

CHARLES, *à part.* Je voudrais bien le reconnaître aussi.

HECTOR.

Air du *Sabotier* (Paul Henrion).

Ne va pas fêter à demi
Notre bon vin de France,
C'est encore un ancien ami,
Renouez connaissance.
　　Ce jus divin
　　Au plus crétin,
Mon cher, tu peux m'en croire,
　　Souvent fournit
　　Beaucoup d'esprit.

CHARLES, *à part, montrant Hector.*
Il a raison d'en boire.

ENSEMBLE, *en trinquant.*

Trinque, trinque donc, mon vieux,
　　La bouteille
　　Fait merveille
Quand il faut fêter à deux
Un jour heureux.

SCÈNE VII.

Les mêmes, TROUSSARD.

TROUSSARD, *du fond.* Bravo! continuez... ne vous dérangez pas.

CHARLES. Oh!

HECTOR, *désignant Troussard.* M. Troussard! le modèle des amphytrions..... à la santé de M. Troussard.

TROUSSARD. Certainement, Messieurs, je suis flatté. (*A part.*) C'est égal, ils auraient bien pu m'attendre pour trinquer.

CHARLES, *gesticulant avec son verre plein.* Oh! monsieur Troussard... croyez que je suis fier de l'honneur...

TROUSSARD. Prenez garde... vous aller me tacher.

CHARLES, *continuant.* Et que ma reconnaissance... elle déborde... Monsieur, elle déborde...

TROUSSARD. Mais votre verre aussi déborde... là, me voilà tout trempé.

CHARLES, *avalant de travers.* Oh! je suis bien fâché... bien confus... mais je suis fier de l'honneur...

TROUSSARD, *s'essuyant.* Un habit tout neuf.

HECTOR. Bah! ça sèchera... promenez-vous un moment au soleil... d'ailleurs c'est ma faute... c'est moi qui ai forcé notre ami à goûter...

SCÈNE VIII.

Les mêmes, MADAME TROUSSARD.

MADAME TROUSSARD, *entrant avec sa robe dégrafée sans voir personne; elle est décolletée.* Allons donc, monsieur Troussard, v'là une heure que je te cherche pour m'agrafer.

TROUSSARD. Appelle Clarisse... j'essuie mon Elbeuf.

MADAME TROUSSARD. Clarisse n'est pas assez forte pour m'agrafer... il faut un homme. (*Se plaçant devant sir Charles qu'elle prend pour Hector.*) Agrafez-moi ça, Hector.

CHARLES, *interdit.* Oh!

MADAME TROUSSARD, *à son mari.* Vous allez voir que votre satané Anglais arrivera et que je ne serai pas prête... que le diable l'emporte.

CHARLES, *faisant des efforts et scandalisé.* Oh!.. (*Il finit par déchirer la robe.*) Aïe!

MADAME TROUSSARD. Mais vous allez déchirer ma robe.

CHARLES, *à part.* C'est fait.

MADAME TROUSSARD. Mon Dieu! que vous êtes bête... (*Se retournant et voyant que ce n'est pas Hector.*) Tiens!.. ce n'est pas Hector...

HECTOR, *riant et ramenant Charles qui se sauve.* Je vous présente sir Charles Bashfuld.

CHARLES, *avec un grand trouble, saluant.* Yes... sir Charles... bien confus, Madame, de l'honneur... croyez que toute ma vie...

MADAME TROUSSARD, *saluant.* Moi aussi, Monsieur, certainement.

CHARLES, *s'essuyant le front.* J'ai chaud!

MADAME TROUSSARD, *bas, à son mari.* Dis donc, monsieur Troussard... il a un drôle d'air, ton Anglais... il ne me revient pas du tout.

TROUSSARD. Oui, il est un peu froid... attends... je vais tâcher de l'émoustiller... tu vas voir. — Il faut vous dire, sir Charles, que j'ai une grande prédilection pour votre pays...

CHARLES. Oh!..

TROUSSARD. C'est au point qu'ayant une fille à éduquer, je l'ai fait éduquer à Albion...

CHARLES. Oh!

TROUSSARD. Oui, on lui a appris à emmêler du fil avec un petit crochet, et à donner des poignées de main au premier venu, c'est charmant. Vous allez la voir, ma fille, vous ferez sa connaissance à table... (*Un domestique apporte des flambeaux.*) car vous dînez avec nous, sir Charles.

CHARLES, *saluant.* Oh! vous me voyez confus de l'honneur...

TROUSSARD. Vous acceptez?..

CHARLES. Non... je voulais dire...

TROUSSARD. Vous avez accepté...

HECTOR, *appuyant.* Il a accepté.

TROUSSARD. D'ailleurs, je veux absolument que vous voyiez ma fille, un bijou, Monsieur, un vrai bijou... (*Nelly entre.*) Mais tenez, la voilà, elle-même... permettez-moi de vous la présenter... sir Charles.

SCÈNE IX.

Les mêmes, NELLY.

CHARLES, *saluant.* Mademoiselle... je suis fier de l'honneur... croyez que toute ma vie... hum! (*Nelly salue, il lève les yeux sur elle et recule vivement en disant, à part.*) Ah! mon Dieu! que vois-je! miss Nelly...

MADAME TROUSSARD. Il est d'une conversation terne, ton Anglais.

TROUSSARD, *à part.* Attends, j'ai un moyen... (*Haut.*) Nelly, parle donc un peu english à sir Charles.

CHARLES, *timidement.* Ah! Mademoiselle parle anglais?..

TROUSSARD. Comme un watchmann... elle le lit aussi... vous pouvez en juger par cette bibliothèque... que je lui ai achetée...

CHARLES, *regardant la bibliothèque.* Elle paraît fort belle.

MADAME TROUSSARD. Elle a coûté assez cher... deux cents francs de menuiserie.

CHARLES, *s'approchant.* Il faut que je voie de plus près. (*Il va pour monter sur une chaise.*)

TROUSSARD, *à part.* Aïe, aïe... Il va s'apercevoir... (*Haut.*) Permettez. (*Il va pour retirer la chaise et le fait trébucher.*)

CHARLES, *croyant qu'il veut lui tenir la chaise.* Non, je ne souffrirai pas. (*Ils se disputent la chaise.*) Je ne souffrirai pas... (*Il monte sur la chaise.*)

TROUSSARD, *cherchant à le faire descendre.* Plus tard... après le dîner... je vous donnerai un volume.

CHARLES. Non, je le prendrai bien moi-même... (*Il tire.*)

HECTOR, *courant au secours de M. Troussard.* Mais laisse donc, puisqu'on te le dit.

CHARLES, *s'obstinant.* Oh! je le tiens... le voici... (*Il tire plus fort, la planche se détache tout entière, et tombe sur la table, il reste stupéfait.*) Oh!

MADAME TROUSSARD. Là... (*Nelly rit aux éclats.*)

CHARLES. Oh! que je suis désolé.

TROUSSARD. Ce n'est rien... ce n'est rien...

MADAME TROUSSARD. Ah! mon Dieu! l'encre est renversée... le tapis est perdu.

CHARLES, *très-troublé.* C'est de l'encre... ça ne tache pas... Je vais réparer... en épongeant un peu... (*Il se jette à genoux et éponge le tapis avec son mouchoir. Hector ramasse l'écritoire et le porte sur la table à droite.*)

TROUSSARD, *le tirant par le bras.* Non... je vais sonner...

CHARLES. Ça ne sera rien... laissez-moi faire. (*Dans son trouble empressé, il repousse rudement Troussard qui va tomber sur le canapé, à gauche.*)

TROUSSARD. Oh! il me boxe à présent.

MADAME TROUSSARD. C'est bien fait...

CHARLES, *se relevant.* Ça ne paraît presque plus... c'est en tirant... comme ça... (*Il fait le geste.*) J'ai chaud (*Il s'essuie le front avec un mouchoir plein d'encre.*)

TROUSSARD, *le regardant.* Grand Dieu! il change de couleur... (*Hector et Nelly rient aux éclats en regardant Charles. Celui-ci s'aperçoit de ce qu'il a fait, va tomber sur le fauteuil où est le chat, en se cachant la figure dans ses mains.*)

CHARLES, *poussant un cri de douleur.* Oh!

MADAME TROUSSARD, *effrayée.* Qu'est-ce qu'il y a... cet homme-là me fait des souleurs...

CHARLES, *à part.* Je suis sur le chat.

HECTOR, *à Charles.* Qu'est-ce que tu as donc?..

CHARLES, *grimaçant.* Rien. (*A part.*) Il faut que lui ou moi nous mourions à cette place. (*Sir Charles se cramponne à son fauteuil, fait des efforts pour étouffer l'animal, et des grimaces pour cacher sa douleur.*)

MADAME TROUSSARD, *à part, le regardant.* On dirait qu'il a la colique.

CLARISSE, *entrant.* Madame est servie?..

TROUSSARD. A table! allons, sir Charles, oublions tous ces petits accidents...

CHARLES, *à part, faisant force contorsions.* Ce n'est pas un chat... c'est un tigre...

TROUSSARD. Offrez le bras à ma femme...

CHARLES. Non... je ne peux pas... je ne veux pas... (*A part.*) Animal!

MADAME TROUSSARD. Eh bien! il est encore honnête, votre Anglais.

TROUSSARD, *avec humeur.* Mon Anglais... mon Anglais.

HECTOR, *à Charles.* Est-ce que tu serais malade? tu as l'air souffrant... mal à ton aise.

CHARLES, Oui, je suis mal à mon aise... très-mal à mon aise.

TROUSSARD. Je crois que nous ferons mieux de le laisser seul, et de nous mettre à table sans lui...

HECTOR. Mais non, mais non... voyons, viens-tu. (*Il veut prendre le bras de Charles.*)

CHARLES, *résistant.* Ne touchez pas... Ah! mais ne touchez pas.

HECTOR. Il se fâche à présent... quel mauvais caractère!

TROUSSARD. Oui, il est aigre... c'est un Anglais aigre... Laissons-le.

MADAME TROUSSARD. Cet étranger ne m'inspire aucune confiance.

ENSEMBLE ET SORTIE.

Air : *Quadrille du violon du Diable* (Été).

> Laissons le dormir
> Languir, s'engourdir,
> Puisqu'il ne veut pas
> Prendre un bon repas.
> Vite, allons, marchons,
> Courons, dépêchons,
> Il faut bien sans lui,
>   Oui,
> Dîner aujourd'hui.

SCÈNE X.

SIR CHARLES, *seul, il se secoue deux ou trois fois avec rage sur son fauteuil en poussant un soupir à chaque fois.* Hein! hein! hein! (*Il va pour se relever, il retombe.*) Oh! cette fois je crois que j'en ai purgé la terre. (*Il se relève et regarde le chat.*) Oui, décédé... complétement décédé! après tout... j'étais dans le cas de légitime défense... le lâche! m'attaquer par derrière... (*Changeant de ton.*) Il a dû bien souffrir... pourvu qu'on ne s'aperçoive pas... et vite, faisons disparaître les traces. (*Il fourre le chat dans son chapeau, sur le canapé.*) Ah! que je suis donc fâché d'être venu... et pourtant je l'ai revue... elle! ma Nelly! mais dans quel moment... la méchante! comme elle a ri... comme elle s'est moquée... après ça... je devais être si ridicule... et puis est-ce qu'elle sait que je l'aime?.. suis-je pour elle autre chose qu'un étranger... un imbécile? et pourtant si elle savait... peut-être m'aimerait-elle à son tour... Oui, c'est cela... puisque le hasard a voulu que je la retrouve... il faut enfin que je lui avoue... mais c'est impossible, rien qu'à l'idée de me trouver seul avec elle, mon sang se fige... mes oreilles bourdonnent... je n'y vois plus.

        Air vaudeville du *Premier prix*.

      Comment oser jamais lui dire
      Ce que pour elle je ressens,
      Lui parler serait un martyre
      Qui d'avance trouble mes sens.
      De loin quels beaux discours je forge
      Qui, près d'elle, tombent dans l'eau...
      J'ai toujours un chat dans la gorge,
      Quand il n'est pas dans mon chapeau.

Oh! j'aurais bien mieux fait de ne pas venir en France!..

SCÈNE XI.

CHARLES, HECTOR.

HECTOR, *à la cantonade.* Ne vous dérangez pas... je vais préparer le thé au salon... je connais les doses. (*A Charles, qui, à son entrée, a repris son chapeau, et le tient gauchement entre ses bras.*) Eh bien! mon cher ami, ça va-t-il mieux... mais oui, l'œil est meilleur...

CHARLES, *regardant dans le chapeau.* Oh! non.. l'œil n'était pas meilleur.

HECTOR. *voulant lui prendre son chapeau.* Donne-moi donc ton chapeau.

CHARLES. Oh! non... ça ne me gêne pas... j'ai l'habitude...

HECTOR. Tu vas prendre le thé avec nous, ça te remettra tout à fait.

CHARLES, *à part.* Il tutoie toujours! (*Haut.*) Oh! non, non... après la manière inconvenante...

HECTOR. Sois donc tranquille, j'ai arrangé ça... les Anglais, on leur passe bien des ridicules.

CHARLES. Hein?

HECTOR. Tu es un excentrique quoi!.. on t'accepte pour excentrique... d'ailleurs tu es mon ami...

CHARLES, *à part.* Il y tient.

HECTOR. Et du moment que je te prends sous mon aile... A propos, tes chevaux je les ai fait mettre à l'écurie... Ton domestique... il mange à l'office...

CHARLES. Ah çà, tu es donc bien intime avec la famille Troussard? (*Pendant ce qui suit, Charles, préoccupé de faire disparaître son chapeau, le dépose dans le cabinet à gauche.*)

HECTOR, *mettant sur le guéridon qu'il a apporté au milieu de la chambre tout ce qu'il faut pour prendre le thé.* Parbleu! je suis de la maison... je fais ici le chaud et le froid... c'est tout simple... J'ai de l'aplomb, moi... je ne suis pas de ces gens qui frappent trois quarts d'heure à une porte avant d'entrer... quand quelqu'un me platt... il faut que je lui plaise... Et tôt ou tard... ça y est...

CHARLES, *qui a déposé son chapeau et le chat dans le cabinet.* Yes... ça y était.

HECTOR. Demande à M. Troussard, il ne jure que par moi... Demande à sa fille... je suis à la veille de l'épouser.

CHARLES. Oh!..

HECTOR. Et comme elle a des yeux magnifiques. une dot idem... je suis décidé à en faire la farce.

CHARLES, *à part.* Est-ce possible?... un pareil magot!

HECTOR. Certainement... le magot y est pour quelque chose...

CHARLES, *se promenant avec agitation.* Ah! c'est incroyable... Nelly! aimer cet homme... l'épouser; mais pourquoi... pourquoi?

HECTOR. Eh! bien, qu'est-ce que tu as encore?.. est-ce que ça te reprend?

CHARLES. Laissez-moi... laissez-moi... (*A part.*) Oh! il faut que je sache.

NELLY, *en dehors.* Oui! oui! apportez par ici.

CHARLES. Ah! mon Dieu! c'est elle!.. la voir dans ce moment... Oh! non, jamais! (*Il disparaît dans le cabinet à droite.*)

SCÈNE XII.

HÉCTOR, NELLY, *apportant deux bougies allumées quelle dépose sur la table, à droite.*

NELLY. Eh bien! comment va votre ami?

HECTOR. Oh! tout à fait bien... n'est-ce pas, Charles?.. (*Regardant.*) Eh bien?.. tiens! il est sorti!.. Ma foi... tant mieux... Et puisque le hasard me procure un tête-à-tête, permettez-moi... (*Il embrasse la main de Nelly.*)

CHARLES, *à part.* Oh!

NELLY. Eh bien! Monsieur?..

HECTOR. Quoi donc? puisque nous sommes seuls...

NELLY. Ce n'est pas une raison...

HECTOR. Puisque nous devons nous marier...

NELLY. Mais mon père n'a pas encore consenti.

HECTOR. Troussard, allons donc... quand il saura d'où date notre amour...

CHARLES, *à part.* Que dit-il?

HECTOR. Quand j'irai lui dire...

      Air : *Qu'il est flatteur d'épouser celle.*

      Troussard, de ta charmante fille
      Si j'ai sauvé la vie un jour.

CHARLES, *à part, parlé.* Comment, lui aussi.

HECTOR, *continuant le couplet.*

Que ta reconnaissance brille
En l'accordant à mon amour ;
Il faut s'entr'aider sur la terre
N'est-ce pas un devoir sacré...
Quand, grâce à moi, tu restas père,
Grâce à toi je le deviendrai.

Je vous demande un peu ce que pourra répondre notre vieillard attendri?

NELLY. En effet, je crois... mais s'il hésitait?

HECTOR. S'il hésitait, alors vous lui montreriez ces lettres pathétiques...

CHARLES, *à part.* Ah! bah!.. lui aussi!..

HECTOR. Ces lettres dont mon amour discret...

NELLY. Oh! discret, autrefois... il y a un an... quand vous m'écriviez.... (*Elle lit une lettre.*) « Ce qui fait mon désespoir, c'est de penser que « quelle que soit la tendresse que vous m'inspirez, « jamais je n'aurai le courage de vous l'exprimer « de vive voix!.. »

CHARLES, *à part.* Une lettre de moi... et je souffrirais!.. oh! non! non!.. (*Il se met à une table et se dispose à écrire; bruit.*)

NELLY. Hein! quelqu'un! (*Elle remonte.*)

HECTOR. Vous me quittez? moi qui avais tant de choses à vous dire!

NELLY. Eh bien... écrivez-moi!..

HECTOR. Mais.

NELLY. Ça me fait tant de plaisir...

HECTOR. Comment... tout de suite... vous voulez...

NELLY. J'y tiens, un billet bien tendre... comme autrefois,... à cette condition seule je vous permets... d'espérer.

HECTOR, *allant à la table.* Comment me tirer de là! (*On entend la voix de Troussard.*) Du monde! quelle chance!

CHARLES, *sortant du cabinet.* Mais, le moyen de lui faire parvenir...

SCÈNE XIII.

LES MÊMES, TROUSSARD, *puis* MADAME TROUSSARD.

TROUSSARD, *entrant par le fond.* Ah!

CHARLES, *à part.* Le père! quel contre-temps... (*Il froisse sa lettre entre ses mains.*).

TROUSSARD. J'ai bien dîné! (*A Charles.*) Ah! mon cher hôte... vous avez perdu... nous avions un plumpouding... ah! quel plumpouding! vous deviez aimer le plum. (*Nelly entre de la gauche et va au guéridon. La bonne qui la suit, lui remet la bouilloire et traverse la scène pour sortir à droite.*)

CHARLES. Yes, yes, j'aime beaucoup le..

HECTOR, *à Charles.* D'où sors-tu donc?

CHARLES, *très-empêtré.* Moi, je... je ne sais pas. (*A part.*) Allons, bon!.. ma lettre qui est toute froissée maintenant... J'en écrirai une autre....

NELLY, *parlant à la bonne, qu'elle croit encore derrière elle.* Tenez, Clarisse, prenez cela... (*Elle tend la bouilloire sans regarder. Charles pour la prendre est obligé de se débarrasser de la lettre qu'il jette dans un chapeau, déposé par Hector sur le canapé, à gauche.*)

MADAME TROUSSARD, *entrant.* Minet... Minet... petit Minet...

CHARLES, *à part.* Oh! le chat!.. Si elle vient à découvrir... (*Il va le reprendre dans le cabinet, et le fourre dans la gibecière d'Hector, suspendue à gauche.*

MADAME TROUSSARD. Où diable est donc passé Moumoutte. Monsieur Hector, vous n'avez pas vu Moumoutte?

HECTOR. Votre beau chat angora!.. non.

MADAME TROUSSARD. Minet... Minet... tout à l'heure encore il était là, sur ce fauteuil.

CHARLES, *à part.* Je respire. (*La bonne qui a causé bas un instant avec madame Troussard, prend la gibecière et sort avec par la gauche.*

NELLY, *présentant une tasse de thé à Charles.* Monsieur veut-il une tasse de thé?

CHARLES, *prenant la tasse, machinalement.* Oh! merci... merci... (*Revenant à l'idée du chat.*) pauvre bête!

NELLY. Vous dites?

CHARLES. Oh! rien... ce n'est pas pour vous.

NELLY, *voyant qu'il hésite à boire.* Est-ce que vous le trouvez trop noir?

CHARLES, *poursuivant son idée.* Le chat?

NELLY. Non, le thé.

CHARLES. Oh très-bien... très-bien... (*A part.*) Je suis stupide. (*Il boit.*)

MADAME TROUSSARD, *à son mari.* Il n'a pas l'air de songer à s'en aller... est-ce qu'il voudrait coucher ici?

TROUSSARD. Tu as raison... il faudrait lui faire comprendre... Attends, je vais m'y prendre adroitement.

CHARLES, *à part, regardant Hector et Nelly qui causent ensemble.* Il lui parle... il ose lui parler... et moi qui d'un mot... Ah! je suis un grand lâche!

TROUSSARD, *s'approchant de Charles avec la théière d'une main et sa tasse de l'autre.* Allons, sir Charles, encore une tasse avant votre départ...

CHARLES. Voilà. (*Croyant qu'on lui demande du thé, il s'apprête à en verser avec la bouilloire qu'il a conservée.*)

TROUSSARD, *criant.* Vous n'entendez pas, sir Charles... (*Il lui reprend la bouilloire qu'il repasse à Nelly.*) Je vous offrais encore une tasse avant votre départ! (*Il veut lui verser.*)

CHARLES. Merci, merci bien. (*A part.*) Partir

sans l'avoir avertie... (*Il s'assied sur le canapé; pendant ce qui suit, il est fort embarrassé de sa tasse qu'il ne sait où déposer; enfin il se décide à la mettre sous le canapé.*)

MADAME TROUSSARD, *bas, à son mari.* Eh bien! il s'installe... mais ça ne se fait pas.

TROUSSARD. Il faut croire que c'est anglais... je vais consulter Nelly...

HECTOR, *à madame Troussard.* Je vous avais avertie... il manque de gaieté.

NELLY, *répondant à son père.* C'est impossible, (*Haut.*) Il faut que Monsieur consente à rester avec nous jusqu'à demain...

MADAME TROUSSARD. Comment.

TROUSSARD. Ma fille a raison, monsieur Charles, les Anglais trouveront toujours sous mon toit une hospitalité écossaise... eux qui sont si hospitaliers... n'est-ce pas, Hector?

HECTOR. Oh! pour ça... maritimes et hospitaliers... ils ne sortent pas de là.

CHARLES, *froidement.* Qu'en savez-vous?

HECTOR. Ah! j'adore la question... comme si je n'avais pas eu le temps d'étudier le lion britannique.

CHARLES, *de même.* Où ça?

HECTOR. A domicile, parbleu!

CHARLES, *de même.* Ah! vous avez été en Angleterre?

HECTOR. Mais j'en sors, mon cher, j'en sors.

CHARLES, *de même.* Vous croyez.

HECTOR, *un peu surpris.* Hein?

NELLY, *regardant Hector.* On dirait qu'il se trouble.

TROUSSARD, *criant aux oreilles de Charles.* Puisqu'on vous dit qu'il en sort. (*A part.*) Je le crois un peu sourd. (*Haut, criant.*) Il connaît Londres comme sa poche.

CHARLES. Londres... oh! (*A Hector.*) Et où demeuriez-vous, à Londres?

HECTOR, *à part.* Ah! mais, il m'ennuie à la fin. (*Haut.*) D'abord, mon cher, un Anglais ne prononce pas Londres, il dit London... c'est vrai ça... il veut m'apprendre.... London, hôtel de Hyde-Paark... Wellington-Squarre... qui donne par un bout dans Waterloo-Streett, à côté de Palmerston-Passage... ah!..

CHARLES. Pourtant... je crois connaître un peu.

HECTOR. Pas tant que moi, que diable!.. pas tant que moi. (*A part.*) Il faut l'étourdir ou je suis pris. (*Haut.*) Et la preuve... voyons... par où prendrais-tu pour aller de Quakerly-Street à Edimbourg squarre... sans longer la Tamise?

CHARLES. Edimbourg-Squarre... je connais pas.

HECTOR. Là!.. te voilà confondu... eh! bien, moi, je prends par Windsor-Street, j'arrive dans Sport et Turff, je traverse Policemann et Water-Closet... et je tombe en plein Édimbourg-Street... voilà...

CHARLES, *décontenancé.* Ah! je croyais... je pensais...

HECTOR. Assez... tu es confondu et ça me suffit... je prendrai bien encore une tasse.

MADAME TROUSSARD, *bas, à son mari.* Voulez-vous que je vous dise... je crois que c'est un faux Anglais.

TROUSSARD, *de même.* Ça se pourrait bien.

MADAME TROUSSARD, *de même.* Il y a comme ça une foule d'intrigants qui pénètrent dans les maisons.

TROUSSARD, *bas.* En effet, il avait déjà accaparé la bouilloire. (*Regardant sous le canapé.*) Et tiens! il avait caché sa cuillière avec la tasse... Je suis fâché de m'être tant avancé... mais impossible maintenant de le congédier.

NELLY, *à part.* Que signifie?

TROUSSARD. Allons, voici l'heure du repos. (*A Charles.*) Je vais vous indiquer votre chambre.

NELLY, *à Hector.* N'oubliez pas ma lettre.

HECTOR. J'y songe. (*Il prend son chapeau; la lettre que Charles y a déposé en tombe.*)

NELLY, *la ramassant vivement.* Oh!

CHARLES, *qui a vu son mouvement.* Ah! mon Dieu... ma lettre... c'est ma lettre qu'elle a ramassée...

NELLY, *regardant la suscription de la lettre à la dérobée.* C'est bien l'écriture... Allons... plus de doute, c'est lui.... (*A Hector.*) Merci, merci.

HECTOR. De quoi?

NELLY. Vous avez tenu votre promesse.... je tiendrai la mienne.

HECTOR. Ah! il paraît que j'ai tenu ma promesse...

CHARLES, *à part.* Ah! je ne resterai pas ici une minute de plus. (*Il a l'air de chercher quelque chose.*)

TROUSSARD, *à sa femme.* Viens-tu, Bichette?

MADAME TROUSSARD. Tout à l'heure, mon ami... je te rejoins... (*Bas.*) Quelques précautions à prendre... (*Faisant une révérence ironique à Charles.*) Bonsoir, monsieur l'Anglais.

Air : *Quadrille du violon du Diable* (Pantalon).

TROUSSARD.

Au repos, tous, je vous invite,
Allons vite,
Qu'on se quitte.
Il est temps de gagner son gîte,
Au revoir,
Bonsoir, bonsoir.

REPRISE, ENSEMBLE.

(*Tout le monde sort, excepté madame Troussard.*)

SCÈNE XIV.

MADAME TROUSSARD, *seule.* Cet Anglais m'est de plus en plus suspect...et je ne serais

point étonnée..., mais je suis sur mes gardes...
Dame! quand on loge chez soi des êtres qu'on ne
connaît ni d'Ève ni d'Adam...

Air : *Mon père était pot.*

Veillons, en fermant ce tiroir,
Sur mon argenterie,
Fermons bien ce cabinet noir,
Car c'est ma lingerie,
Fermons le buffet,
Mettons au secret,
Et mon sucre, et ma crème,
Mon vin, c'est prudent,
Je n'ai maintenan t.
Qu'à m'enfermer moi-même.

Hein ?.. quel est ce bruit?.. on dirait quelqu'un
qui se glisse à pas de loup... Ciel! l'Anglais!..
Que vient-il faire seul... à cette heure... dans ce
salon... aurait-il quelque sinistre dessein... Fei-
gnons de m'être endormie... là, sur ce canapé...
comme ça, je pourrai le surveiller sans qu'il se
méfie. (*Charles entre mystérieusement, en regardant de tous côtés.*) C'est bien lui!..

CHARLES, *entrant.* Où diable ai-je fourré ma
canne... Partir à cette heure... courir les champs
sans être armé... c'est imprudent!.. Ah! je me
rappelle... sur ce canapé...

MADAME TROUSSARD, *à part.* Ah! mon Dieu!..
il approche... il approche...

CHARLES, *apercevant madame Troussard.* Oh!
madame Troussard qui est couchée dessus.

MADAME TROUSSARD, *à part.* Qu'est-ce qu'il
marmote tout bas?

CHARLES. Je ne puis pourtant pas lui dire : Madame, levez-vous... pour que je prenne...

MADAME TROUSSARD, *de même.* Hein ! qu'est-ce
qu'il veut prendre?

CHARLES. Si je pouvais la retirer sans qu'elle
s'en aperçût... oui... c'est cela!..

MADAME TROUSSARD, *de même.* Que va-t-il faire,
grand Dieu !

CHARLES. Je crois qu'en allant doucement,
bien doucement... Ah! je la tiens.

MADAME TROUSSARD, *à part.* Qu'est-ce qu'il
tient?

CHARLES. Voilà que ça vient, voilà que ça
vient. (*Peu à peu il a retiré l'épée du fourreau,
et s'apercevant qu'il ne tient qu'une lame dans
sa main.*) Oh!..

MADAME TROUSSARD. Ciel! une épée! (*Se levant
d'un bond.*) Au secours ! au secours !

CHARLES. Pardon, Madame, mille pardons.

MADAME TROUSSARD. Ne m'approchez pas... Au
secours, à l'assassin !

CHARLES. Mais, Madame... il y a erreur, je vous
juré.

MADAME TROUSSARD, *très-épouvantée.* Ne m'approchez pas.

CHARLES, *marchant sur elle.* Laissez-moi donc
vous dire...

MADAME TROUSSARD, *sort en criant.* Monsieur
Troussard, monsieur Troussard ! (*Charles la pour-
suit.*)

SCÈNE XV.

NELLY, *seule, tenant à la main une lettre et
une bougie qu'elle dépose sur le guéridon,
près du canapé, à gauche, puis un peu après*
CHARLES.

NELLY. Que signifie?.. personne!.. je me serai
trompée... pourtant j'avais bien cru entendre...
c'est cette lettre qui a bouleversé toutes mes idées.
(*Elle s'approche de la table à droite, où est restée
une bougie allumée et une autre éteinte; elle ral-
lume celle-ci. Regardant la lettre.*) Oui, c'est
bien son écriture. (*Lisant.*) « Ne croyez pas un
« mot de ce que vous dit M. Hector; c'est un im-
« posteur et un fanfaron qui spécule sur votre
« reconnaissance sans l'avoir jamais mérité... »
Et pas de signature... comme toujours.

CHARLES, *rentrant.* Impossible de la rejoindre...
de lui faire comprendre...(*Apercevant Nelly.*) Oh!
Nelly ! je voudrais être à cent pieds sous terre.

NELLY. Comment découvrir... Ah! mon Dieu !
ce jeune homme... cet Anglais... si c'était lui...
(*Apercevant Charles.*) Ah!

CHARLES. Elle m'a vu. (*S'efforçant de remettre
l'épée dans la canne sans pouvoir y parvenir.*)

NELLY. Il faut absolument que je sache. (*A
Charles.*) Monsieur, est-ce que vous n'avez pas
pu trouver votre chambre?

CHARLES. Moi, Miss... oh! si, parfaitement... c'est-
à-dire, j'étais là, parce que... Bonsoir, Miss, bonsoir.

NELLY, *à part.* Eh bien ! il s'en va, avant de
m'avoir dit... (*Haut.*) Monsieur !

CHARLES. Miss !

NELLY. Pardon... avant de vous éloigner... Je
voudrais bien vous demander un renseignement...
une explication à propos d'une lettre...

CHARLES, *à part, avec un mouvement.* Ma
lettre !

NELLY, *à part.* C'est lui !

CHARLES, *à part.* Si j'osais... pourtant... ce serait bien le moment... mais il fait trop clair...

NELLY, *à part.* Comment lui faire avouer... lui,
qui est si timide. Oh! quelle idée! (*Elle éteint une
des bougies de droite.*) Vous comprenez, Monsieur,
combien il faut que la chose m'intéresse pour que
j'aie le courage... de rester ainsi seule avec vous...
à cette heure... ne voyez-vous pas que je suis
toute tremblante?

CHARLES, *se rapprochant.* Vrai... eh bien! c'est
comme moi... mais moi c'est une infirmité... l'habitude de vivre seul m'a rendu si gauche... si
emprunté.... vous avez pu en juger ce matin...
comme vous avez dû vous moquer de moi!

NELLY. Par exemple!.. je vous ai plaint, voilà tout... car moi-même j'ai souvent éprouvé, devant des personnes que je voyais pour la première fois, cette gêne, cet embarras...

CHARLES. Vraiment! vous êtes timide? Eh bien! voyez un peu ce que c'est... depuis que je sais que vous avez un peu peur de moi... il me semble que je n'ai plus peur de vous.

NELLY. Absolument comme moi... et je vous le prouve en venant vous demander un service...

CHARLES. Un service, parlez.

NELLY. Vous connaissez beaucoup M. Hector.

CHARLES. Moi? non.

NELLY. Pourtant il nous a raconté certaine histoire de duel...

CHARLES. Ah! mais attendez donc... oui... oui ça me revient... à l'Opéra, n'est-ce pas?.. je disais aussi : j'ai vu ce garçon-là quelque part. (*A lui-même.*) Mais je ne savais pas que c'était un garçon marchand de vin.

NELLY. Vous voyez bien que vous êtes assez lié pour lui dire de ma part que je le hais... que je le déteste... et que je ne veux plus entendre parler de lui...

CHARLES, *avec bonheur.* Vraiment... ah! Mademoiselle, c'est bien!.. c'est très-bien!

NELLY. Vous m'approuvez?

CHARLES, *se reprenant.* C'est-à-dire... enfin... du moment qu'il vous déplaît.

NELLY, *à part.* Avec tout ça... il ne se déclare pas...

CHARLES. Soyez tranquille... je vais de ce pas lui signifier...

NELLY. Attendez. (*Elle souffle la seconde bougie.*)

CHARLES, *redescendant vivement.* Est-ce que vous changez d'idée?

NELLY, *l'observant.* Dame!.. ce pauvre garçon, ça va lui faire bien de la peine... et après tout, sa faute est peut-être excusable...

CHARLES, *se montant un peu.* Excusable, non, Mademoiselle, non. Prendre la place d'un autre pour abuser une jeune fille... se prévaloir d'un mérite qui n'est pas le sien... pour parler à son cœur, à son imagination.

NELLY. Mais qui vous a dit?..

CHARLES. Ah! Miss... n'avez-vous donc pas encore deviné que celui qui vous écrivait autrefois et celui qui vous parle en ce moment...

NELLY. C'est le même n'est-ce pas?.. allons donc... (*A part.*) Comme on a de la peine à lui faire dire les choses.

CHARLES. Pardon!... Miss... pardon!... mais je m'étais promis de ne jamais faire connaître à la personne... de ne jamais lui inspirer une reconnaissance...

NELLY. Qui malgré vous était dans son cœur, Monsieur, et que l'absence ne pouvait en arracher...

CHARLES. Qu'entends-je! Oh! Miss... si j'avais pu croire... si j'avais pu espérer?..

NELLY. Qu'auriez-vous fait?

CHARLES. Rien... rien... car pour cela... il aurait fallu oser...

NELLY. Et pour oser, il faut... aimer...

CHARLES. Oh! pour ça.

NELLY. Eh bien?..

CHARLES. Eh bien!.. (*Il hésite un instant, puis par un mouvement désespéré, il souffle la dernière bougie placée à gauche, sur le guéridon. Nuit.*)

ENSEMBLE.

NELLY.

Je sens battre mon cœur,
De plaisir, de bonheur.
Il m'avoue à son tour
Son espoir, son amour.

CHARLES.

Je sens battre mon cœur,
Mais ce n'est plus de peur,
C'est d'espoir et d'amour.
Je suis brave à mon tour !

CHARLES.

Oui, c'en est fait, je ne puis plus me taire,
Vois à tes pieds ton époux, ton amant.
J'ignore encor grâce à quel doux mystère,
Vous allumez ces feux...

(*Il se met à genoux.*)

NELLY.

En éteignant.

SCÈNE XVI.

NELLY, CHARLES, TROUSSARD, MADAME TROUSSARD, *puis* HECTOR. *La bonne portant un flambeau. Jour.*

MADAME TROUSSARD. Que vois-je le gredin aux pieds de ma fille...

CHARLES, *à part.* Ils m'ont vu.

TROUSSARD, *à Charles.* Auriez-vous, Monsieur, l'extrême bonté de m'expliquer...

CHARLES, *décontenancé.* Oh! certainement.... c'est facile... c'est fort simple et... (*A part.*) Que je suis donc fâché qu'on ait apporté de la lumière. Si Hector était là. (*Pendant ce qui suit, Nelly cause bas avec madame Troussard, et semble les mettre au courant.*)

HECTOR, *entrant.* Hector, voilà!

CHARLES. Ah! mon ami... mon cher ami... je te cherchais... j'ai besoin de toi.

HECTOR. De moi?.. parle! de quoi s'agit-il?..

CHARLES. Je vais t'expliquer. (*Il lui parle bas.*)

MADAME TROUSSARD, *à Nelly.* Ah bah! ce protecteur mystérieux...

NELLY. C'était lui!

TROUSSARD. Et son intention serait de to bri-
guer...

NELLY. Vous allez voir !

HECTOR, *répondant à Charles qui lui a parlé
bas.* Comment, vous voulez... ma future !.. ça ne
se peut pas.

CHARLES. Alors nous nous battrons... au pistolet.

HECTOR. Au pistolet. (*A part.*) Un homme qui
touche une pièce d'or au vol, merci !

CHARLES. Eh bien ?

HECTOR. Du moment que vous y tenez.. (*A part.*)
Diable d'Anglais ! (*A M. et Madame Troussard,
prenant sir Charles par la main.*) Mon ami
sir Charles Bashfuld qui possède quarante mille
livres de rentes, un château sur la Tamise... et un
physique assez bien conservé... me charge de vous
demander la main de mademoiselle Nelly, votre
fille.

CHARLES, *applaudissant.* Bravo ! très-bien... il
interprète très-bien...

TROUSSARD. C'était donc vrai?..

CHARLES, *à Hector.* Continuez. (*Il souffle bas.*)

HECTOR. S'adresser pour plus amples renseigne-
ments sur le prétendu... (*A Charles.*) A qui?

CHARLES. A M. Hector, mon vieil ami.

HECTOR. Moi... votre ami !

CHARLES. Qui a bien voulu pendant un temps...
prendre ma place auprès de miss Nelly... lui faire
la cour pour moi, et même endosser la responsa-
bilité de certaines lettres...

HECTOR. Ah! bah! c'était lui !

TROUSSARD, *à Charles.* Monsieur... vous êtes
Anglais... ça me suffit... vous êtes un grand
peuple... ma fille est à vous..

HECTOR, *à part.* Vieille girouette !

TROUSSARD. A bientôt la cérémonie.

CHARLES. Oh! la cérémonie... le maire... le
bal... et après... Ah! bah! le bonheur me rendra
téméraire.

HECTOR, *qui est près de lui et l'entend.* Nous
verrons ça...

CHARLES, *fièrement.* Non, Monsieur, vous ne
verrez pas... (*Au public.*) j'éteindrai !..

CHŒUR FINAL.

Air : *Par un doux retour.*

L'amour
En ce jour
D'un timide amant
Rend le cœur content.
Sa discrète ardeur
Au jour avait peur;
Un effet de nuit
Fit
Le bonheur pour lui.

CHARLES, *au public.*

Air d'*Yelva.*

Oh! croyez que toute ma vie...
Je suis si confus de l'honneur...
Que j'ai bien chaud et que je balbutie...
Il faut pourtant... je ne puis... j'ai trop peur...
Éteindre !.. oh! non ! ce ne serait pas sage,
Mais vous avez un moyen dans la main,
Daignez ce soir me donner du courage,
Et revenez voir si j'en ai demain.
Que l'indulgence, aujourd'hui m'encourage
Et, j'oserai... la demander demain.

REPRISE DU CHŒUR.

L'amour
En ce jour, etc.

FIN.